# MICHAELIS
## tour

**PORTUGUÉS**
### PARA VIAJE
GUIA DE CONVERSACIÓN

Elaine Andersen
9227 - 146 A St
Edmonton
Alberta
Canada
T5R0X5

Antonio Carlos Vilela

# MICHAELIS

## tour

# PORTUGUÉS
### PARA VIAJE

GUÍA DE CONVERSACIÓN

MELHORAMENTOS

**Dados Internacionais de Catalogação na Publicação (CIP)**
**(Câmara Brasileira do Livro, SP, Brasil)**

Vilela, Antonio Carlos
    MICHAELIS TOUR: portugués para viaje: guía de conversación / Antonio Carlos Vilela; tradução e adaptação de Darinka Mires. – São Paulo: Companhia Melhoramentos, 1996. – (Dicionários Michaelis)

    ISBN 85-06-02330-0

    1. Português – Vocabulários e manuais de conversação I. Mires, Darinka. II Título. III. Série.

96-2148                                                    CDD-469.824

**Índices para catálogo sistemático:**

1. Guia de conversação português: Lingüística 469.824
2. Português para estrangeiros 469.824

© 1996 Antonio Carlos Vilela
Tradução e adaptação: Darinka Mires

© 1996 Cia. Melhoramentos de São Paulo

Atendimento ao consumidor:
Caixa Postal 8120 – CEP 01065-970 – São Paulo – SP – Brasil

Edição: 5 4 3 2 1
Ano: 1999 98 97 96
ISBN: 85-06-02330-0

Impresso no Brasil

DO PINHEIRO AO LIVRO, UMA REALIZAÇÃO MELHORAMENTOS

# Sumario

Este guía fue hecho para atender a las necesidades de las personas que viajan hacia el país de lengua portuguesa (Brasil) y que no tengan ninguna noción de portugués.

Las personas que conocen este idioma también encontrarán, aquí, sugestiones valiosas para su viaje.

El guía está dividido en tres partes. En la primera parte, están las nociones básicas del idioma y frases que vengan a ser útiles en cualquier circunstancia. La segunda parte presenta las situaciones que Ud. podrá enfrentar en el exterior. Ellas se encuentran en orden alfabética. Así, si Ud. deseare, por ejemplo, saber hablar en el aeropuerto, busque en el comienzo. Cada asunto contiene las frases que Ud. tal vez tenga que decir. Las frases están en español y su traducción, en portugués.

En algunos asuntos que juzgamos necesario, colocamos una sección con las frases que Ud. eventualmente puede escuchar de funcionarios, atendentes y otras personas. En este caso, las palabras-llaves están destacadas en portugués y en español. Así, si no entienda toda la frase de su interlocutor, pero comprenda algunas palabras-llaves, podrá saber sobre qué él está hablando.

La tercera parte fue especialmente desarrollada para solucionar todas sus dudas: se trata de un vocabulario portugués-español y español-portugués, con las palabras que aparecen en el guía. Es una buena idea hojear el guía y verificar sus secciones durante el viaje y antes que las situaciones presentadas ocurran, a fin de acostumbrarse con lo que decir y con la lengua portuguesa. La primera parte, en especial, debe ser estudiada antes del viaje.

Creemos que este guía le será muy útil y esperamos que Ud. aproveche bien su viaje.

# Pronunciación

Frecuentemente Ud. será solicitado a deletrear su nombre, nombre de calles u otras palabras. Por eso, Ud. necesita saber pronunciar bien las letras del alfabeto.

## Ud. puede escuchar:

Pode **soletrar** seu nome, por favor?

¿Puede **deletrear** su nombre, por favor?

Pode **soletrar**, por favor?

¿Puede **deletrear**, por favor?

## Ud. puede necesitar decir:

Mi nombre es Henrique Barbosa

Meu nome é Henrique Barbosa

Voy a deletrear:

Vou soletrar:

**H***(hagá)* - **E***(e)* - **N***(ene)* - **R***(erre)* - **I***(i)* - **Q***(que)* - **U***(u)* - **E***(e)*

**B***(be)* - **A***(a)* - **R***(erre)* - **B***(be)* - **O***(o)* - **S***(ese)* - **A***(a)*

## Alfabeto

| | | | | |
|---|---|---|---|---|
| A | *(a)* | | N | *(ene)* |
| B | *(be)* | | O | *(o)* |
| C | *(ce)* | | P | *(pe)* |
| D | *(de)* | | Q | *(que)* |
| E | *(e)* | | R | *(erre)* |
| F | *(efe)* | | S | *(ese)* |
| G | *(ge)* | | T | *(te)* |
| H | *(hagá)* | | U | *(u)* |
| I | *(i)* | | V | *(ve)* |
| J | *(llota)* | | W | *(dablio)* |
| K | *(ca)* | | X | *(chis)* |
| L | *(ele)* | | Y | *(ipsolon)* |
| M | *(eme)* | | Z | *(ze)* |

**Obs.:** En portugués existe la letra **ç** (que se llama **"ce cedilha"**), que tiene el sonido de la letra **s**. La letra **ñ** se escribe **nh** (en portugués) y tiene el mismo sonido.

# Gramática

Este guía está elaborado de modo que Ud. no necesite conocer la lengua portuguesa para hablar portugués.

También no es nuestra intención darle clases de gramática. Lo que deseamos aquí es proveerle instrumentos para hacer su acceso a la lengua portuguesa más fácil.

## Los géneros de los substantivos

Hay dos géneros de substantivos en portugués:

Masculino: usado para hombres, niños y animales machos (pronombres **ele/eles**).

Femenino: usado para mujeres y niñas y animales hembras (pronombres **ela/elas**).

**Observación:** Hay algunos substantivos que son uniformes: tienen la misma forma para designar los dos géneros (as crianças – los niños – puede ser niño o niña; a testemunha – el testigo – puede ser hombre o mujer).

# El plural de los substantivos

Generalmente el plural de los substantivos es formado por el acrecentamiento de **s** a palabras con terminación vocal; acrecentamos **es** a palabras terminadas en **r, z, s**; en palabras terminadas en **m** cambiamos la **m** por **ns**; en palabras terminadas en **al, el, ol, ul** cambiamos la l por is; en substantivos terminados en **ão**, cambiamos **ão** por **ães**, **ões**, o solamente le acrecentamos **s**.

**passaporte** (pasaporte) **passaportes**
**escritório** (oficina) **escritórios**
**xícara** (taza) **xícaras**
**travesseiro** (almohada) **travesseiros**
**passagem** (pasaje) **passagens**
**selo** (sello) **selos**
**cheque** (cheque) **cheques**
**cobertor** (frazada/manta) **cobertores**
**camisa** (camisa) **camisas**
**canção** (canción) **canções**
**árvore** (árbol) **árvores**
**coração** (corazón) **corações**
**cidade** (ciudad) **cidades**
**álbum** (álbum) **álbuns**
**calça** (pantalón) **calças**
**jornal** (periódico) **jornais**
**país** (país) **países**
**cruz** (cruz) **cruzes**

**pão** (pan) **pães**
**mão** (mano) **mãos**
**papel** (papel) **papéis**
**álcool** (alcohol) **álcoois**
**sol** (sol) **sóis**

**Excepciones:**

**mal** (mal) **males**
**cônsul** (cónsul) **cônsules**

## Adjetivos

Los adjetivos en portugués varían de acuerdo con el substantivo (plural, singular, femenino, masculino) e indican calidad, condición o circunstancia:

| | |
|---|---|
| **um bom homem** | un buen hombre |
| **bons homens** | buenos hombres |
| **uma boa mulher** | una buena mujer |
| **boas mulheres** | buenas mujeres |
| **mesa pequena** | mesa pequeña |
| **mesas pequenas** | mesas pequeñas |

## Artículo definido y artículo indefinido

Los artículos definidos varían conforme género, número, siendo **o - os (masculino), a - as (femenino)**.

**o menino** (el niño)
**a menina** (la niña)

**a cadeira** (la silla)
**as crianças** (los niños)
**os livros** (los libros)
**o bonito** (lo bonito)
**o agradável** (lo agradable)

Los artículos indefinidos (un, una, unos, unas) varían conforme género, masculino, femenino y neutro, siendo: **um, uma, uns, umas**.

**uma mulher agradável** (una mujer agradable)
**uma mulher interessante** (una mujer interesante)
**um homem agradável** (un hombre agradable)
**um homem interessante** (un hombre interesante)
**uns livros novos** (unos libros nuevos)
**uns sapatos pretos** (unos zapatos negros)
**umas chaves grandes** (unas llaves grandes)
**umas toalhas brancas** (unas toallas blancas)

## Pronombres personales

| | |
|---|---|
| yo - eu | me, mi, conmigo - me, mi, comigo |
| Ud./tu - você/tu | te, ti, contigo - te, ti, contigo |
| el - ele | le - lhe (a ele) |
| ella - ela | le - lhe (a ela) |
| el/la/lo (neutro) - ele/ela | le - lhe (a ele/a ela) |
| nosotros - nós | con nosotros - nos, conosco |

vosotros - vós

con vosotros - vos, convosco

ellos/ellas - eles/elas

les - lhes

## Adjetivos posesivos

mio, mia, mios, mias - meu, minha, meus, minhas
tuyo, tuya, tuyos, tuyas - teu, tua, teus, tuas
suyo - seu (dele)
suya - seu (dela)
suyo/suya - seu (dele/dela - neutro)
nuestro, nuestra, nuestros, nuestras - nosso, nossa, nossos, nossas
vuestro, vuestra, vuestros, vuestras - vosso, vossa, vossos, vossas
suyos/suyas - seu (deles/delas)

## Pronombres posesivos

mio - meu
tuyo - teu
de el - dele
de ella - dela
de el/de ella - (dele/dela - neutro)
nuestro - nosso
vuestro - vosso
de ellos/de ella - deles/delas

## Verbos

Los verbos en portugués se agrupan en cuatro clases, de acuerdo con la terminación del infinitivo:

| ar | er | ir | or |
|---|---|---|---|
| amar (amar) | entender (entender) | rir (reir) | pôr (poner) |
| cantar (cantar) | vender (vender) | abrir (abrir) | expor (exponer) |
| comprar (comprar) | comer (comer) | cobrir (cubrir) | supor (suponer) |
| dançar (bailar) | escrever (escribir) | vir (venir) | |

Algunos verbos irregulares:

| Infinitivo | Participio |
|---|---|
| Aceitar | Aceito |
| Dizer | Dito |
| Fazer | Feito |
| Haver | Havido |
| Querer | Querido |
| Vir | Vindo |

# Conversación general

Los brasileños son, en general, muy educados; en tiendas, restaurantes y oficinas tienen costumbre de saludar al cliente – y también de ser saludado por éste – antes de comenzar a hablar de negocios. Así, es bueno disparar un *(Bom dia / Boa tarde / Boa noite, como vai?)* para garzones, recepcionistas, vendedores y profesionales que trabajan sirviendo a Ud. El servicio se hará más caloroso y más atencioso.

## Saludos

| | |
|---|---|
| Buenos días | Bom dia |
| Buenas tardes | Boa tarde |
| Buenas noches | Boa noite |
| Ola | Olá |
| ¿Cómo le va? | Como vai? |

## Frases de todos los días, independientemente del lugar o situación

| | |
|---|---|
| Por favor | Por favor |
| Gracias | Obrigado |
| De nada | De nada |
| Chao/adiós | Tchau |
| Yo soy brasileño/portugués | Eu sou brasileiro/português |
| Mi nombre es... | Meu nome é... |
| ¿Ud. me puede ayudar? | Você pode me ajudar? |
| Yo estoy con hambre | Eu estou com fome |
| Yo estoy con sed | Eu estou com sede |
| ¿Ud. habla portugués/ español? | Você fala português/ espanhol? |
| ¿Alguien aquí habla portugués/español? | Alguém aqui fala português/ espanhol? |
| Yo no hablo portugués muy bien | Eu não falo português muito bem |
| ¿Ud. me comprende? | Você me compreende? |
| Yo (no) comprendo | Eu (não) compreendo |
| ¿Ud. puede repetir, por favor? | Você pode repetir, por favor? |
| Sí | Sim |
| No | Não |
| Yo no sé | Eu não sei |
| Siento mucho | Sinto muito |
| Descúlpeme | Desculpe-me |
| Con permiso | Com licença |

| | |
|---|---|
| No entendí | Não entendi |
| Por favor, hable lento | Por favor, fale devagar |
| Por favor, escriba | Por favor, escreva |
| Por favor, muestre la palabra en el libro | Por favor, mostre a palavra no livro |
| ¡Buena suerte! | Boa sorte! |
| ¡Feliz cumpleaños! | Feliz aniversário! |
| Es tarde | Está tarde |
| ¿Cuánto cuesta? | Quanto custa? |
| ¿Cuándo? | Quando? |
| ¿Cómo? | Como? |
| ¿Cuántos? | Quantos? |
| ¿Quién? | Quem? |
| ¿Dónde? | Onde? |
| ¿Ud. acepta... | Você aceita... |
| cheques de viaje? | cheques de viagem? |
| tarjetas de crédito? | cartões de crédito? |
| A mi me gusta/no me gusta... | Eu gosto/não gosto... |
| eso | disso |
| fútbol | de futebol |
| cerveza | de cerveja |
| jugar ténis/golf | de jogar tênis/golfe |
| ¿Le gusta esto a Ud.? | Você gosta disto? |
| ¿Le gusta el helado a Ud.? | Você gosta de sorvete? |
| ¿Qué le gustaría hacer a Ud.? | O que você gostaria de fazer? |
| ¿Ud. acepta una bebida? | Você aceita uma bebida? |

| | |
|---|---|
| Sí, por favor | Sim, por favor |
| No, gracias | Não, obrigado |
| Me encantaría | Adoraria |
| Es muy gentil de su parte | É muito gentil de sua parte |
| ¿A Ud. le gusta bailar? | Você gostaria de ir dançar? |
| ¿A Ud. le gustaría cenar? | Você gostaria de jantar? |
| ¿Dónde nos podremos encontrar? | Onde podemos nos encontrar? |
| ¿A qué horas nos podremos encontrar? | A que horas podemos nos encontrar? |
| ¡Que pena! | Que pena! |
| ¿Qué significa? | O que significa? |
| ¿Me puede traducir eso, por favor? | Pode me traduzir isso, por favor? |
| Por favor, escriba | Por favor, escreva |
| ¿Como se dice esto en portugués? | Como se diz isto em português? |
| ¿Alguien aquí habla | Alguém aqui fala |
| **...portugués?** | **...português?** |
| **...español?** | **...espanhol?** |
| **...inglés?** | **...inglês?** |
| ¿Puede repetir, por favor? | Pode repetir, por favor? |
| Discúlpeme, no entendí | Desculpe-me, não entendi |
| ¿Puede hablar más lento, por favor? | Pode falar mais devagar, por favor? |

## Es probable que Ud. escuche con frecuencia:

| | |
|---|---|
| Seu **passaporte**, por favor | Su **pasaporte**, por favor |
| Posso lhe **ajudar**? | ¿Puedo **ayudar**? |
| Você tem **trocado**? | ¿Ud. tiene **sencillo**? |
| O que você deseja? | ¿Qué desea? |
| Seu **nome**, por favor | Su **nombre**, por favor |
| De **onde** você é? | ¿De **donde** es Ud.? |

## Presentaciones

| | |
|---|---|
| Mi nombre es... | Meu nome é... |
| Este es... | Este é... |
| Mucho gusto en conocerlo/la | Prazer en conhecê-lo/la |
| ¿Cual es su nombre? | Qual é o seu nome? |
| Señora | Senhora |
| Señorita | Senhorita |
| Señor | Senhor |
| ¿De donde Ud. es? | De onde você é? |
| ¿Qué Ud. hace? | O que você faz? |
| ¿Ud. está sólo/la? | Você está sozinho/a? |
| ¿Ud. está con la familia? | Você está com a família? |
| ¿Adónde va Ud.? | Aonde você vai? |
| ¿Donde está Ud. hospedado/a? | Onde você está hospedado/a? |
| Yo soy brasileño | Eu sou brasileiro |
| Yo soy portugués | Eu sou português |

21

| | |
|---|---|
| Yo vivo en Rio de Janeiro | Eu moro no Rio de Janeiro |
| Nosotros vivimos en São Paulo | Nós moramos em São Paulo |
| Yo trabajo con... | Eu trabalho com... |
| Yo soy soltero/a | Eu sou solteiro/a |
| Yo soy casado/a | Eu sou casado/a |
| Yo soy divorciado/a | Eu sou divorciado/a |
| Yo soy separado/a | Eu estou separado/a |
| Yo estoy aquí de vacaciones | Eu estou aqui de férias |
| Yo estoy aquí en negocios | Eu estou aqui a negócios |
| Yo estoy aquí con mi familia | Eu estou aqui com minha família |
| Yo estoy aquí con mi esposa/mi marido | Eu estou aqui com minha mulher/meu marido |
| Yo estoy aquí con mi hermana/mi hermano | Eu estou aqui com minha irmã/meu irmão |
| Yo estoy aquí con una amiga/un amigo | Eu estou aqui com uma amiga/um amigo |
| Yo estoy aquí con mi enamorada/mi enamorado | Eu estou aqui com minha namorada/meu namorado |
| Yo hablo muy poco portugués | Eu falo muito pouco português |

## DÍAS Y MESES

| | |
|---|---|
| Día | Dia |
| Semana | Semana |

| | |
|---|---|
| Fin de semana | Fim de semana |
| Mes | Mês |
| Año | Ano |

## Días de la semana

| | |
|---|---|
| Lunes | Segunda-feira |
| Martes | Terça-feira |
| Miércoles | Quarta-feira |
| Jueves | Quinta-feira |
| Viernes | Sexta-feira |
| Sábado | Sábado |
| Domingo | Domingo |

## Meses

| | |
|---|---|
| Enero | Janeiro |
| Febrero | Fevereiro |
| Marzo | Março |
| Abril | Abril |
| Mayo | Maio |
| Junio | Junho |
| Julio | Julho |
| Agosto | Agosto |
| Septiembre | Setembro |
| Octubre | Outubro |
| Noviembre | Novembro |
| Diciembre | Dezembro |

## Estaciones del año

| | |
|---|---|
| Primavera | Primavera |
| Verano | Verão |
| Otoño | Outono |
| Invierno | Inverno |

## HORAS

### Puede ser necesario decir:

| | |
|---|---|
| ¿Qué horas son? | Que horas são? |
| Son las cinco de la mañana | São cinco horas da manhã |
| Siete diez de la mañana | Sete e dez da manhã |

Como en español, en portugués se puede decir "media" (meia) o "treinta" (trinta) para significar la media hora.

| | |
|---|---|
| Ocho treinta (y media) | Oito e trinta (e meia) |
| Doce (mediodía) | Meio-dia |
| De mañana | De manhã |
| En la tarde | À tarde |
| Dos de la tarde | Duas da tarde |
| Quince (un cuarto) para las cinco | Quinze para as cinco |
| Diez para las nueve | Dez para as nove |
| Once veinticinco de la noche | Onze e vinte e cinco da noite |
| Cinco para las doce (medianoche) | Cinco para a meia-noite |
| Medianoche (doce) | Meia-noite |

# NÚMEROS

| | |
|---|---|
| 1 um | 25 vinte e cinco |
| 2 dois | 26 vinte e seis |
| 3 três | 27 vinte e sete |
| 4 quatro | 28 vinte e oito |
| 5 cinco | 29 vinte e nove |
| 6 seis | 30 trinta |
| 7 sete | 40 quarenta |
| 8 oito | 50 cinqüenta |
| 9 nove | 60 sessenta |
| 10 dez | 70 setenta |
| 11 onze | 80 oitenta |
| 12 doze | 90 noventa |
| 13 treze | 100 cem |
| 14 quatorze | 200 duzentos |
| 15 quinze | 300 trezentos |
| 16 dezesseis | 400 quatrocentos |
| 17 dezessete | 500 quinhentos |
| 18 dezoito | 600 seiscentos |
| 19 dezenove | 700 setecentos |
| 20 vinte | 800 oitocentos |
| 21 vinte e um | 900 novecentos |
| 22 vinte e dois | 1.000 mil |
| 23 vinte e três | 2.000 dois mil |
| 24 vinte e quatro | 1.000.000 um milhão |
| | 2.000.000 dois milhões |

1º Primeiro
2º Segundo
3º Terceiro
4º Quarto
5º Quinto
6º Sexto
7º Sétimo
8º Oitavo
9º Nono
10º Décimo
11º Décimo primeiro
12º Décimo segundo
20º Vigésimo
21º Vigésimo primeiro
22º Vigésimo segundo
23º Vigésimo terceiro
24º Vigésimo quarto
25º Vigésimo quinto
26º Vigésimo sexto
27º Vigésimo sétimo
28º Vigésimo oitavo
29º Vigésimo nono
30º Trigésimo

# DIRECCIONES Y ORIENTACIONES

## Direcciones

Norma mora na
   Avenida Sunset, 9021
Rua Misión, 50

Norma vive en la
   Avenida Sunset Nº 9021
Calle Misión Nº 50

## Orientaciones

| | |
|---|---|
| Aquí | Aqui |
| Avenida | Avenida |
| Derecha | Direita |
| En frente | Em frente |
| Izquierda | Esquerda |
| Esquina | Esquina |
| Allá | Lá |
| Cuadra | Quarteirão |
| Calle | Rua |

# Aeropuerto

Llegando al aeropuerto, puede ser que la policía de frontera le haga algunas preguntas. Recuérdese de mantener los documentos en lugar seguro y a la mano.

## Ud. puede escuchar:

| | |
|---|---|
| Passaporte | Pasaporte |
| Seguro | Seguro |
| Bilhete (passagem) | Billete (pasaje) |
| Tem algo a **declarar**? | ¿Tiene algo a **declarar**? |
| Qual é o motivo de sua viagem? | ¿Cuál es el motivo de su viaje? |
| Para onde você vai? | ¿Hacia donde Ud. va? |

29

| | |
|---|---|
| Onde vai se hospedar? | ¿Dónde se va a alojar? |
| Quanto tempo você vai ficar? | ¿Cuánto tiempo se va a quedar? |
| De onde você vem? | ¿De donde Ud. viene? |
| Passageiros | Pasajeros |
| Atraso | Atraso |
| Vôo | Vuelo |
| Portão número | Portón número |
| Partida | Partida |

## Llegando al aeropuerto de destino

| | |
|---|---|
| ¿Dónde queda el free-shop? | Onde fica o free-shop? |
| ¿Dónde puedo cambiar dinero? | Onde posso trocar dinheiro? |
| ¿Dónde puedo tomar el omnibus para el hotel? | Onde posso pegar o ônibus para o hotel? |
| ¿Dónde tomo un táxi? | Onde eu pego um táxi? |
| ¿ Dónde quedan los teléfonos? | Onde ficam os telefones? |
| No encontré mi bagaje | Não encontrei minha bagagem |
| ¿Dónde queda la sección de hallados y perdidos? | Onde fica a seção de achados e perdidos? |

## En el aeropuerto, al volver:

Quiero cambiar mi reserva — Quero mudar minha reserva

¿Cuál es el número del vuelo? — Qual o número do vôo?

¿Cuál es el portón? — Qual o portão?

¿Está con atraso? — Está com atraso?

¿Hay una fuente soda/restaurant? — Há um bar/lanchonete/restaurante?

¿Dónde queda el free-shop? — Onde fica o free-shop?

## Bagaje

¿Dónde está el bagaje del vuelo de Brasil? — Onde está a bagagem do vôo do Brasil?

Mi bagaje no llegó — Minha bagagem não chegou

Mi maleta fue damnificada en el viaje — Minha mala foi danificada na viagem

Por favor, lleve mi bagaje a un táxi — Por favor, leve minha bagagem para um táxi

## Agencia de turismo

¿Cuánto cuesta un pasaje de avión/tren para...? — Quanto custa uma passagem de avião/trem para...?

¿Existe alguna promoción de pasajes más baratos? — Existe alguma promoção de passagens mais baratas?

| | |
|---|---|
| Puedo reservar un (dos) lugar(es) | Posso reservar um (dois) lugar(es) |
| Primera clase | Primeira classe |
| Segunda clase | Segunda classe |
| Clase económica | Classe econômica |

# Alimentación

## Comprando su propia comida

¿Hay un supermercado /almacén aquí cerca?

Por favor, ¿dónde queda el azúcar?

Por favor, deme
1/2 kilo de...
1 kg
2 kg
carne
pescado
costilla de puerco
bistecs

¿Es fresco o congelado?

¿Me puede limpiar el pescado?

Há um/a supermercado/ mercearia aqui por perto?

Por favor, onde fica o açúcar?

Por favor, me dê
1/2 quilo de...
1 kg
2 kg
carne
peixe
costela de porco
bifes

É fresco ou congelado?

Você pode limpar o peixe?

| | |
|---|---|
| Sáquele la cabeza, por favor | Tire a cabeça, por favor |
| No está bueno | Não está bom |
| Está descompuesto | Está passado |
| No voy a llevar | Não vou levar |
| ¿Uds. venden comida congelada? | Vocês vendem comida congelada? |
| ¿Dónde la puedo encontrar? | Onde posso encontrá-la? |
| Yo quiero un poco de... | Eu quero um pouco de... |
| té | chá |
| chocolate | chocolate |
| dulces | doces |
| fósforos | fósforos |
| mantequilla | manteiga |
| aceite | óleo |
| pan | pão |
| jamón | presunto |
| queso | queijo |
| sal | sal |
| Por favor, ¿dónde están las bebidas? | Por favor, onde ficam as bebidas? |
| Por favor, ¿dónde están los refrigerantes? | Por favor, onde ficam os refrigerantes? |
| Una botella de... | Uma garrafa de... |
| leche | leite |
| vino | vinho |
| cerveza | cerveja |

| | |
|---|---|
| agua mineral | água mineral |
| jugo de frutas | suco de frutas |
| Por favor, ¿dónde están... | Por favor, onde ficam... |
| las frutas | as frutas |
| plátanos | bananas |
| cerezas | cerejas |
| naranjas | laranjas |
| manzanas | maçãs |
| duraznos | pêssegos |
| peras | pêras |
| papas | batatas |
| galletas | biscoitos |
| en tarros | enlatados |
| masas | massas |
| huevos | ovos |
| salchichas | salsichas |
| Por favor, yo quiero una botella/tarro/un paquete de esto | Por favor, eu quero uma garrafa/lata/um pacote disto |

## BEBIDAS
### Bares y restaurantes

| | |
|---|---|
| Una botella de vino de la casa, por favor | Uma garrafa do vinho da casa, por favor |
| Yo quiero ver la carta de vinos | Eu quero ver a carta de vinhos |

| | |
|---|---|
| ¿Uds. sirven cócteles? | Vocês servem coquetéis? |
| Por favor, yo quiero... | Por favor, eu quero... |
| agua mineral | água mineral |
| jugo de limón o limonada | limonada |
| jugo de naranja o naranjada | laranjada |
| un vaso con hielo | um copo com gelo |
| un refrigerante | um refrigerante |
| una coca-cola | uma coca-cola |
| una pajita | um canudinho |
| cerveza | cerveja |
| chopp | chopp |
| vaso de | copo de |
| whisky | uísque |
| whisky escocés | uísque escocês |
| una botella | uma garrafa |
| vino blanco | vinho branco |
| vino tinto | vinho tinto |
| seco/dulce | seco/doce |
| Por favor, quiero un... | Por favor, quero um... |
| café negro | café preto |
| café con poca leche | pingado (café com pouco leite) |
| café con leche | média (café com leite) |
| té | chá |
| con leche | com leite |
| con limón | com limão |
| vaso de leche | copo de leite |
| chocolate caliente | chocolate quente |

## Drinks normalmente encontrados en los menús

## Drinks Nacionales:

**Caipirinha:** Aguardiente con limón, azúcar e hielo.
**Caipiroska:** Vodka con limón, azúcar e hielo.
**Coquinho:** Aguardiente o vodka curtida dentro de un coco.
**Licor de Tangerina:** Tangerina (fruta) sin semillas y picada, azúcar y alcohol de cereales a 40° C.
**Batida de Lima:** Jugo de lima-da-pérsia, aguardiente, azúcar e hielo.
**Batida de Limão:** Aguardiente, agua, jugo de limón, azúcar y pedazos de cáscara de limón.
**Batida de Maracujá:** Aguardiente o vodka con jugo de maracujá y azúcar.
**Maria-Mole:** Coñac con martini.
**Meia-de-Seda:** Durazno, champaña, crema de leche y leche condensada.

# Compras

## Ud. puede escuchar del vendedor:

| | |
|---|---|
| Posso **ajudá-lo**? | ¿Puedo **ayudarlo**? |
| O que deseja? | ¿Qué desea? |
| Isso é tudo? | ¿Ésto es todo? |
| Mais alguma coisa? | ¿Alguna cosa más? |
| Nós temos uma **oferta especial** | Nosotros tenemos una **oferta especial** |
| Quer que **embrulhe**? | ¿Quiére que se lo **empaquete**? |
| Nós não temos isso | Nosotros no tenemos eso |
| Você vai **encontrar** ali | Ud. va a **encontrar** ahí |
| Desculpe, **acabou** | Perdón, se **acabó** |
| **Receberemos mais** amanhã/semana que vem | **Recibiremos más** mañana/próxima semana |
| Não tenho (mais) | No tengo (más) |
| **Quantos** você quer? | ¿**Cuántos** Ud. quiere? |
| **Quanto** você quer? | ¿**Cuánto** Ud. quiere? |
| Passe no **caixa**, por favor | Pase a la **caja**, por favor |

Tem **troco**?

¿Tiene **sencillo**?

Qual **tamanho** você quer?

¿De qué **tamaño** Ud. quiere?

Você vai pagar...

Ud. va pagar...

    com cartão de crédito?

    con tarjeta de crédito?

    com cheque?

    con cheque?

    em dinheiro?

    en dinero?

## Yendo a las compras

¿Dónde queda la zona comercial?

Onde fica a zona comercial?

¿A qué horas abren/ cierran las tiendas?

A que horas abrem/fecham as lojas?

Quiero comprar...

Quero comprar...

Me podría mostrar...

Poderia me mostrar...

    esto/aquello

    isto/aquilo

    esta cámara de vídeo

    esta câmera de vídeo

    este teléfono

    este telefone

    una secretaria electrónica

    uma secretária eletrônica

    un teléfono inalámbrico

    um telefone sem fio

    un teléfono celular

    um telefone celular

    una calculadora

    uma calculadora

    una agenda electrónica

    uma agenda eletrônica

    esta computadora

    este computador

    una pantalla Super VGA colorida

    um monitor Super VGA colorido

    este televisor

    esta televisão

    un buen video grabador

    um bom videocassete

    perfume

    perfume

| | |
|---|---|
| una tostadora | uma torradeira |
| un equipo de música | um aparelho de som |
| un CD (portátil) | un CD (portátil) |
| fonos de oído | fones de ouvido |
| pilas | pilhas |
| ¿Viene con pilas? | Vem com pilhas? |
| ¿Cuánto esto/aquello cuesta? | Quanto custa isto/aquilo |
| | |
| Busco un regalo | Procuro um presente |
| para **mi mujer** | para **minha mulher** |
| mi hijo | meu filho |
| mi amigo | meu amigo |
| mi marido | meu marido |
| Estoy sólo mirando | Estou só olhando |
| ¿Hace un descuento? | Faz um desconto? |
| No voy a llevar, gracias | Não vou levar, obrigado |
| ¿Uds. aceptan cheques de viaje/ tarjetas de crédito? | Vocês aceitam cheques de viagem/cartões de crédito? |
| ¿Dónde pago? | Onde eu pago? |
| Perdón, no tengo sencillo | Desculpe, não tenho trocado |
| Voy a llevar | Eu vou levar |
| ¿Puede mandarlos a esta dirección? | Pode mandá-los para este endereço? |
| ¿Ud. tiene una bolsa? | Você tem uma sacola? |

# Ropas

## Tamaños de ropas

La medida de ropas es hecha de la siguiente forma:

**Camisas:** el perímetro del cuello y el largo de la manga (medido a partir de la axila hasta el puño).

**Pantalones:** el perímetro de la cintura y el largo de la pierna, medida del cuadril (parte interna del muslo) hasta el talón.

## Ropas femeninas

| Demás países de América del Sur | Brasil |
|---|---|
| 38 | 38 |
| 40 | 40 |
| 42 | 42 |
| 44 | 44 |
| 46 | 46 |
| 48 | 48 |

## Ropas masculinas

| Demás países de América del Sur | Brasil |
| --- | --- |
| 40 | 40 |
| 42 | 42 |
| 44 | 44 |
| 46 | 46 |
| 48 | 48 |
| 50 | 50 |
| 52 | 52 |

## Zapatos

| Demás países de América del Sur | Brasil |
| --- | --- |
| 34 | 34 |
| 35 | 35 |
| 36 | 36 |
| 37 | 37 |
| 38 | 38 |
| 39 | 39 |
| 40 | 40 |
| 41 | 41 |
| 42 | 42 |
| 43 | 43 |

Mi número es...
O meu número é...

¿Me puede medir, por favor?
Pode me medir, por favor?

¿Puedo probar?
Posso experimentar?

¿Dónde quedan los probadores?
Onde ficam os provadores?

¿Hay un espejo?
Há um espelho?

Está muy grande/ pequeño
Está muito grande/ pequeno

No me gusta
Eu não gosto

Me gusta este estilo, pero no me gusta el color
Eu gosto do estilo, mas não da cor

No me gusta el color
Eu não gosto da cor

Yo necesito que combine con esto
Eu preciso que combine com isto

¿Ud. tiene algo...?
Você tem algo...?

| | |
|---|---|
| más barato | mais barato |
| diferente | diferente |
| más grande | maior |
| más pequeño | menor |
| en cuero | em couro |
| gris | cinza |
| rojo | vermelho |
| lila | lilás |
| verde | verde |
| negro | preto |
| blanco | branco |

| Quiero un/una... | Quero um/uma... |
|---|---|
| blusa | blusa |
| pantalón | calça |
| camisa | camisa |
| camiseta | camiseta |
| mangas cortas | mangas curtas |
| mangas largas | mangas compridas |
| camisa de dormir | camisola |
| chaqueta | casaco |
| paletó | paletó |
| terno | terno |
| smoking | smoking |
| chaqueta de lana | suéter |
| cinturón | cinto |
| sombrero | chapéu |
| jeans | jeans |
| guantes | luvas |
| calcetines | meias |
| calcetines (de mujer) | meias (de mulher) |
| medias panty | meias-calças |
| pijama | pijama |
| pullover | pulôver |
| falda | saia |
| chalas/sandalias | sandálias |
| zapatos | sapatos |
| abrigo (sobretodo) | sobretudo |
| sostén | sutiã |
| vestido | vestido |

# Correos

## Ud. puede necesitar decir:

| | |
|---|---|
| ¿Dónde hay una agencia de correo? | Onde há uma agência dos correios? |
| ¿A qué horas el correo abre/cierra? | A que horas o correio abre/fecha? |
| Para Brasil, por favor | Para o Brasil, por favor |
| ¿Cuánto es... | Quanto é... |
| esa encomienda para Brasil? | essa encomenda para o Brasil? |
| una carta para Portugal? | uma carta para Portugal? |
| una tarjeta-postal para Brasil? | um cartão-postal para o Brasil? |
| Vía aérea | Via aérea |
| Superficie | Superfície |
| Yo quiero certificar esta carta | Eu quero registrar esta carta |
| Un sello, por favor | Um selo, por favor |

| | |
|---|---|
| Quiero mandar un telegrama | Quero enviar um telegrama |
| Quiero mandar un fax | Quero enviar um fax |

# Dentista

## Ud. puede escuchar del dentista:

| | |
|---|---|
| Terei que **extrair o dente** | Tendré que **extraer el diente** |
| Precisa de uma **obturação** | Necesita de una **tapadura/ obturación** |
| Talvez **doa** um pouco | Talvez **duela** un poco |

## Ud. puede necesitar decir:

| | |
|---|---|
| Necesito ir al dentista (con urgencia) | Preciso ir ao dentista (com urgência) |
| Estoy con dolor de diente | Estou com dor de dente |
| Me quebré un diente | Quebrei um dente |
| Estoy con una infección | Estou com uma infecção |

# Dinero

## Ud. puede escuchar:

| | |
|---|---|
| **Quanto dinheiro** você quer trocar? | ¿**Cuánto dinero** Ud. quiere cambiar? |
| Você tem alguma **identificação**? | ¿Tiene alguna **identificación**? |
| Seu passaporte, por favor | Su pasaporte, por favor |
| **Assine** aqui | **Firme** aquí |
| Passe no **caixa**, por favor | Pase a la **caja**, por favor |

## Puede ser necesario decir:

| | |
|---|---|
| Me gustaría cambiar este cheque de viaje | Eu gostaria de trocar este cheque de viagem |
| Aquí está mi pasaporte | Aqui está meu passaporte |
| Aquí está mi tarjeta de crédito | Aqui está meu cartão de crédito |

| | |
|---|---|
| Me gustaría cambiar esto por pesos/dólares/ guaranís/reales | Eu gostaria de trocar isto por pesos/dólares/ guaranis/reais |
| Yo quiero sacar dinero con esta tarjeta de crédito | Eu quero sacar dinheiro com este cartão de crédito |
| ¿Ud. me puede dar algún sencillo? | Você pode me dar algum trocado? |

# Fotografía

**Ud. puede necesitar decir:**

Necesito de un rollo de película colorido/blanco y negro

Preciso de um filme colorido/preto e branco

Para ampliaciones/slides

Para ampliações/slides

Hay algo de errado con mi cámara

Há algo de errado com minha câmera

La película/el obturador está enganchada(o)

O filme/obturador está preso

¿Me puede revelar la película?

Pode me revelar este filme?

¿Cuándo las fotos estarán listas?

Quando as fotos estarão prontas?

¿Cuánto cuesta?

Quanto custa?

# Fumadores

En lugares donde sea prohibido fumar, no insista. Normalmente no es permitido hacerlo en tiendas, metro, omnibus, cines, teatros y en lugares donde Ud. vea el aviso "Proibido Fumar".

| | |
|---|---|
| ¿Se importa que fume? | Importa-se se eu fumar? |
| ¿Me puede dar un cenicero? | Pode me dar um cinzeiro? |
| Una cajetilla de..., por favor | Um maço de..., por favor |
| Yo quiero tabaco para pipa | Eu quero fumo para cachimbo |
| ¿Ud. tiene fósforos? | Você tem fósforos? |
| ¿Tiene fuego? | Tem fogo? |

En São Paulo-Brasil, además de los lugares ya mencionados, no es permitido fumar en ningún tipo de establecimento donde se sirve comida (bares, restaurantes, fuente soda) y también en los shoppings-centers.

# Hotel

## Informaciones requeridas en la ficha de registro

| | |
|---|---|
| Nome | Nombre |
| Sobrenome | Apellido |
| Endereço/Rua/Número | Dirección/Calle/Número |
| Nacionalidade | Nacionalidad |
| Ocupação/Profissão | Ocupación/Profesión |
| Data de nascimento | Fecha de nacimiento |
| Local de nascimento | Lugar de nacimiento |
| Número do passaporte | Número del pasaporte |
| Data de emissão | Fecha de emisión |
| Data | Fecha |
| Assinatura | Firma |

## Ud. puede escuchar del recepcionista:

| | |
|---|---|
| Você vai se **registrar**? | ¿Ud. se va a **registrar**? |
| Você tem **reserva**? | ¿Ud. tiene **reserva**? |
| Seu **nome**, por favor | Su **nombre**, por favor |
| Seu **passaporte**, por favor | Su **pasaporte**, por favor |
| **Assine** aqui, por favor | **Firme** aquí, por favor |
| Por quantas **noites**? | ¿Por cuántas **noches**? |
| **Quanto** tempo você vai ficar? | ¿**Cuánto** tiempo Ud. se va a quedar? |
| Para quantas **pessoas**? | ¿Para cuántas **personas**? |
| Com ou sem **banheiro**? | ¿Con o sin **baño**? |
| Sinto muito, **não temos vagas** | Lo siento mucho, **no tenemos vacantes** |
| Este é o **único quarto livre** | Este es el **único cuarto libre** |
| Devemos ter **outro quarto amanhã** | Debemos tener **otro cuarto mañana** |
| **As refeições** estão/não estão incluídas | **Las comidas** están/no están incluidas |
| O **café da manhã** está incluído | El **desayuno** está incluido |
| Você pode **preencher** a **ficha de registro**, por favor? | ¿Ud. puede **llenar** la **ficha de registro**, por favor? |

**Puede ser necesario decir:**

| | |
|---|---|
| ¿Dónde está la recepción? | Onde é a recepção? |
| Yo tengo reservas en nombre de... | Eu tenho reservas en nome de... |
| Yo confirmé mi reserva por teléfono/ carta/telex/fax | Eu confirmei minha reserva por telefone/ carta/telex/fax |
| Quiero un cuarto individual | Quero um quarto individual |
| Quiero un cuarto doble | Quero um quarto duplo |
| Con baño, ducha | Com banho, ducha |
| ¿Cuánto cuesta... por noche? por semana? | Quanto custa... por noite? por semana? |
| ¿En que piso es el cuarto? | Em que andar é o quarto? |
| ¿Uds. tienen un cuarto en el primer piso? | Vocês têm um quarto no primeiro andar? |
| A mi no me gusta este cuarto | Eu não gosto deste quarto |
| ¿Uds. tienen otro? | Vocês têm outro? |
| Yo quiero un cuarto silencioso/más grande | Eu quero um quarto silencioso/maior |
| Me gustaría un cuarto con baranda | Eu gostaria de um quarto com sacada |

Me gustaría un cuarto con vista...
  hacia la calle
  hacia el mar
  hacia la montaña
¿Hay teléfono/televisor/ radio en el cuarto?
¡Es muy caro!
¿Uds. tienen algo más barato?
¿Las comidas están incluidas?
¿El desayuno está incluido?
¿Cuánto vale el cuarto sin las comidas?
¿Cuánto vale el cuarto con comidas/sólo con desayuno?
¿Uds. tienen un precio por semana?
¿Cuánto vale por semana?
¿Hay descuento para los niños?
¿Hay garaje?
¿Dónde puedo estacionar el auto?

Eu gostaria de um quarto com vista...
  para a rua
  para o mar
  para a montanha
Há telefone/televisão/ rádio no quarto?
É muito caro!
Vocês têm algo mais barato?
As refeições estão incluídas?
O café da manhã está incluído?
Quanto é o quarto sem as refeições?
Quanto é o quarto com refeição/só com café da manhã?
Vocês têm um preço por semana?
Quanto é o preço por semana?
Há desconto para crianças?
Há garagem?
Onde posso estacionar o carro?

| | |
|---|---|
| ¿A qué horas es el desayuno/almuerzo/cena? | A que horas é o café da manhã/almoço/jantar? |
| ¿Dónde está el comedor/el restaurante del hotel? | Onde é a sala de jantar/o restaurante do hotel? |
| ¿El hotel tiene baby-sitter? | O hotel tem baby-sitter? |
| (Llave) número... | (Chave) número... |
| ¿Hay algún recado para mí? | Há algum recado para mim? |
| ¿Puedo dejar esto en el cofre? | Posso deixar isto no cofre? |
| ¿Puedo sacar mis cosas del cofre? | Posso tirar as minhas coisas do cofre? |
| Mi llave, por favor | Minha chave, por favor |
| Camarera | Arrumadeira |
| Servicio de cuarto | Serviço de quarto |
| Quiero el desayuno en el cuarto, por favor | Quero o café da manhã no quarto, por favor |
| Puede pasar | Entre |
| Ponga sobre la mesa, por favor | Ponha sobre a mesa, por favor |
| ¿Me puede despertar a las 7 horas? | Pode me chamar às 7 horas? |
| ¿Puede lavar/lavar a seco esta ropa? | Pode lavar/lavar a seco esta roupa? |
| ¿Cuánto tiempo demora para lavar? | Quanto tempo demora para lavar? |
| Yo quiero que limpien estos zapatos | Eu quero que limpem estes sapatos |

| | |
|---|---|
| Yo quiero que planchen este terno | Eu quero que passem este terno |
| ¿Cuándo queda listo? | Quando fica pronto? |
| Por favor, necesito de eso para mañana | Por favor, eu preciso disso para amanhã |
| ¿Puede poner en la cuenta? | Pode colocar na conta? |
| No hay agua caliente | Não há água quente |
| La descarga del vaso sanitario no funciona | A descarga do vaso não funciona |
| La luz no funciona | A luz não funciona |
| Las cortinas están trancadas | As cortinas estão emperradas |
| Por favor, ábralas/ciérrelas | Por favor, abra-as/feche-as |
| La sábana está sucia | O lençol está sujo |
| Está muy frío/caliente | Está muito frio/quente |
| ¿Puede desconectar/ conectar el calentador, por favor? | Pode desligar/ligar o aquecimento, por favor? |
| ¿El cuarto tiene aire acondicionado? | O quarto tem ar-condicionado? |
| El aire acondicionado funciona? | O ar-condicionado funciona? |
| ¿Me puede prestar una máquina de escribir? | Pode me emprestar uma máquina de escrever? |
| Por favor, coloque esto en el correo | Por favor, coloque isto no correio |
| ¿Uds. tienen fax? | Vocês têm fax? |

| | |
|---|---|
| Por favor, mande esto por fax | Por favor, envie isto por fax |
| ¿Uds. tienen un mapa de la ciudad/un guía turístico? | Vocês têm um mapa da cidade/um guia turístico? |
| Yo necesito de... | Eu preciso de... |
| una almohada | um travesseiro |
| una toalla | uma toalha |
| un vaso | um copo |
| un jabón | um sabonete |
| una frazada/manta | um cobertor |
| espuma para afeitar | espuma para barbear |
| lámina de afeitar | lâmina de barbear |
| un cenicero | um cinzeiro |
| perchas | cabides |
| papel higiénico | papel higiênico |
| papel de carta | papel de carta |
| sobres | envelopes |
| sellos | selos |
| tarjetas-postales | cartões-postais |

## Salida del hotel

| | |
|---|---|
| Estoy dejando el hotel | Estou deixando o hotel |
| Yo voy a salir mañana | Eu vou sair amanhã |
| ¿Puede preparar mi cuenta? | Pode fechar minha conta? |
| ¿Uds. aceptan tarjetas de crédito? | Vocês aceitam cartões de crédito? |

| | |
|---|---|
| Hay un error en la cuenta | Há um erro na conta |
| ¿Puede mandar traer mi bagaje, por favor? | Pode mandar trazer minha bagagem, por favor? |
| Por favor, me lláme un taxi | Por favor, chame um táxi para mim |
| Quiero cerrar la cuenta | Quero fechar a conta |
| Me puede recomendar un hotel en... | Pode me recomendar um hotel em... |
| ¿Ud. puede llamar y hacerme una reserva, por favor? | Você pode ligar-lhe e fazer uma reserva, por favor? |

En Brasil, el porcentaje dado de propina es de 10% del valor de los servicios.

# Recreación

## Atracciones turísticas:

| | |
|---|---|
| ¿Qué hay para ver aquí/en esta Ciudad? | O que há para se ver aqui/nesta cidade? |
| ¿Dónde queda el museo? | Onde fica o museu? |
| ¿Hay visitas con guía? | Há visitas com guia? |
| ¿Hay una buena excursión turística? | Há uma boa excursão turística? |
| ¿Cuánto tiempo demora la excursión? | Quanto tempo demora a excursão? |
| ¿El guía habla español/ portugués? | O guia fala espanhol/ português? |
| ¿Cuándo? | Quando? |
| Yo quiero un buen guía (libro) turístico | Eu quero um bom guia (livro) turístico |
| ¿A qué horas abre el museo? | A que horas abre o museu? |
| ¿Cuánto cuesta para entrar? | Quanto custa para entrar? |

¿Se puede sacar fotografías aquí?

Pode-se tirar fotografias aqui?

¿Ud. puede sacar una foto mía/nuestra?

Você pode tirar uma foto minha/nossa?

¿Cuándo fue construido esto?

Quando isto foi construído?

## Diversión nocturna

¿Qué hay para hacer en la noche?

O que há para se fazer à noite?

¿Existen buenas discotecs/boites?

Existem boas danceterias/boates?

Queremos hacer dos reservas para la noche de hoy

Queremos fazer duas reservas para hoje à noite

¿A que horas comienza el show?

A que horas começa o show?

# Médico

En Brasil, para una emergencia, Ud. puede llamar a los teléfonos 192 o 193 y solicitar una ambulancia.

## Ud. puede escuchar:

| | |
|---|---|
| Qual é o **problema**? | ¿Cuál es el **problema**? |
| Onde **dói**? | ¿Dónde **le duele**? |
| **Há quanto tempo** você se sente assim? | **Hace cuanto tiempo** que se siente así? |
| Quantos anos você tem? | ¿Cuántos años tiene Ud.? |
| Você está tomando algum **remédio**? | ¿Ud. está tomando algún **remedio**? |

## Puede ser necesario decir:

| | |
|---|---|
| ¡Lláme una ambulancia! | Chame uma ambulância! |
| Yo necesito de un médico | Eu preciso de um médico |
| ¡Lléveme/nos al hospital más próximo, por favor! | Leve-me/nos ao hospital mais próximo, por favor! |
| ¡Rápido! | Rápido! |

| | |
|---|---|
| ¿Alguien aquí habla español/portugués? | Alguém aqui fala espanhol/português? |
| Yo me siento mal | Eu me sinto mal |
| Mi tipo sanguineo es II+/III-/IV+ | Meu tipo sanguíneo é A+/B-/O-/AB+ |
| Yo soy (Él es)... | Eu sou (Ele é)... |
| asmático | asmático |
| diabético | diabético |
| epiléptico | epilético |
| alérgico a... | alérgico a... |
| antibióticos | antibióticos |
| dipirone | dipirona |
| penicilina | penicilina |
| cortisona | cortisona |
| Yo estoy/Ella está embarazada | Eu estou/Ela está grávida |
| Yo soy/Él es hipertenso | Eu sou/Ele é hipertenso |
| Él tiene problemas cardíacos | Ele tem problemas cardíacos |
| Estoy/está tomando este remedio | Estou/está tomando este remédio |

## Describiendo los síntomas

| | |
|---|---|
| Duele aquí | Dói aqui |
| Estoy con diarrea | Estou com diarréia |
| Me siento tonto/con náuseas | Sinto-me tonto/ enjoado |
| Yo vomité | Eu vomitei |

| | |
|---|---|
| Estoy con dolor de cabeza | Estou com dor de cabeça |
| Estoy con dolor de garganta | Estou com dor de garganta |
| Yo no consigo/Él no consigue dormir | Eu não consigo/Ele não consegue dormir |
| Yo no consigo/Él no consigue respirar | Eu não consigo/Ele não consegue respirar |
| Yo no consigo/Él no consigue orinar | Eu não consigo/Ele não consegue urinar |

## Partes del cuerpo

| | |
|---|---|
| Cabeza | Cabeça |
| Oreja/oído | Orelha/ouvido |
| Nariz | Nariz (o nariz = masculino) |
| Boca | Boca |
| Garganta | Garganta |
| Pecho | Peito |
| Pulmones | Pulmões |
| Barriga | Barriga |
| Brazo | Braço |
| Pierna | Perna |
| Pie | Pé |

# Negocios

## Ud. puede escuchar:

| | |
|---|---|
| Qual é o **nome da sua empresa**, por favor? | ¿Cuál es el **nombre de su empresa**, por favor? |
| O senhor está sendo **esperado**? | ¿El señor está siendo **esperado**? |
| Por aqui, por favor | Por aquí, por favor |
| Um momento, por favor | Un momento, por favor |
| Você tem um cartão (pessoal)? | ¿Ud. tiene una tarjeta (personal)? |

## Puede ser necesario decir:

| | |
|---|---|
| Yo necesito de un intérprete | Eu preciso de um intérprete |
| Yo tengo un encuentro con... | Eu tenho um encontro com... |
| Él me está esperando | Ele está à minha espera |
| ¿Puedo dejar un recado? | Posso deixar um recado? |
| ¿Dónde está su oficina? | Onde é seu escritório? |

71

| | |
|---|---|
| Yo necesito llamar a Brasil | Eu preciso telefonar para o Brasil |
| Yo vine para la feria | Eu vim para a feira |

# Policía

En Brasil, Ud. puede llamar a la policía al teléfono 190.

## Ud. puede necesitar decir:

| | |
|---|---|
| ¿Dónde queda la comisaría de policía? | Onde fica a delegacia de polícia? |
| Me robaron | Roubaram-me |
| Sufrí un accidente | Sofri um acidente |
| Alguien robó... | Alguém roubou... |
| Yo perdí... | Eu perdi... |
|    mi pasaporte |    meu passaporte |
|    mi tarjeta de crédito |    meu cartão de crédito |
|    mi bagaje |    minha bagagem |
| Mi carnet de chofer es de Brasil | Minha carteira de motorista é do Brasil |

# Restaurantes

## Ud. puede necesitar decir:

¿Hay un restaurante/fuente soda (no muy caro) cerca?

Há um restaurante/uma lanchonete (não muito caro/cara) por perto?

Ud. puede sugerir...
un buen restaurante?
un restaurante vegetariano?

Você pode sugerir...
um bom restaurante?
um restaurante vegetariano?

Me gustaría reservar una mesa

Eu gostaria de reservar uma mesa

para dos personas

para duas pessoas

para las 8:00

para as 8:00

Una mesa para uno (dos), por favor

Uma mesa para um (dois), por favor

¿Hay una mesa fuera (cerca de la ventana)?

Há uma mesa fora (perto da janela)?

| | |
|---|---|
| ¿Hay un lugar para fumadores (no fumadores)? | Há um local para fumantes (não-fumantes)? |
| ¿Dónde es el lavatorio? | Onde é o lavatório? |

## Ud. puede escuchar del maître o del garzón

| | |
|---|---|
| Por aqui, por favor | Por aquí, por favor |
| Deveremos ter uma **mesa livre** em meia hora | Debemos tener una **mesa libre** en media hora |
| Desculpe, a cozinha está **fechada** | Perdón, la cocina está **cerrada** |
| Você fez **reserva**? | ¿Ud. hizo **reserva**? |

## En la mesa

| | |
|---|---|
| ¿Puedo ver el menú, por favor? | Posso ver o cardápio, por favor? |
| Quiero/queremos un aperitivo primero | Quero/queremos um aperitivo primeiro |
| ¿Puede traer más pan/agua? | Pode trazer mais pão/água? |
| Yo quiero algo liviano | Eu quero algo leve |
| ¿Uds. sirven meriendas? | Vocês servem lanches? |
| ¿Uds. tienen porciones para niños? | Vocês têm porções para crianças? |
| ¿Uds. tienen un plato del día? | Vocês têm um prato do dia? |
| ¿Cuál es? | Qual é? |

| | |
|---|---|
| ¿Qué Ud. recomienda? | O que você recomenda? |
| ¿Cuál es la especialidad del restaurante? | Qual é a especialidade do restaurante? |
| ¿Me puede decir que es esto? | Pode me dizer o que é isto? |
| ¿Uds. tienen platos vegetarianos? | Vocês têm pratos vegetarianos? |
| Sin aceite (salsa), por favor | Sem óleo (molho), por favor |
| Yo voy a querer... | Eu vou querer... |

## Condimentos

| | |
|---|---|
| Ajo | Alho |
| Aceite de oliva | Azeite |
| Cebolla | Cebola |
| Laurel | Louro |
| Aceite | Óleo |
| Pimienta | Pimenta |
| Sal | Sal |
| Perejil | Salsinha |
| Vinagre | Vinagre |

## Salsas para ensaladas

**Molho Vinagrete:** salsa vinagreta, tomate, vinagre, aceite, sal, perejil, cebolla y ajo.
**Molho Rosé:** salsa rose, hecha de maionesa, condimentos y pimentón.
**Molho Tártaro:** salsa de maionesa con pikles.

## Menú (en Brasil)
## Región Norte y Nordeste:

**Moqueca de Peixe:** tipo una crema asada de pescado con condimentos.
**Pirão:** tipo un pure de harina de mandioca.
**Caldeirada de Tucunaré:** pescado cocido con legumbres, condimentos y salsa.
**Pato no Tucupi:** pato asado y cocido con tucupi.
**Caruru do Pará:** camarones condimentados, fritos.
**Bolinho de Tapioca:** croquetas asadas de tapioca.
**Sopa de Milho:** sopa (tipo crema) de choclo con condimentos y carne.
**Sopa de Camarão:** sopa de camarones con legumbres, bien condimentada.
**Arroz de Cuxá:** arroz con tomates, cebolla, camarón seco y condimentos.
**Arroz de Caranguejo:** arroz con carne de cangrejo, cebollas picadas, tomates y condimentos.
**Casquinha de Caranguejo:** carne de cangrejo asada, bien condimentada, con cebollas.

**Tapioca:** masa de tapioca, fina, frita y rellena con leche de coco.

**Farofa de Dendê:** harina de mandioca cocida y tostada en aceite de dendé y condimentos.

**Acarajé:** tipo croquetas de frijoles con condimentos, servidas con salsa.

**Sarapatel:** partes del cerdo fritas en grasa de cerdo, bien condimentado.

**Vatapá de Peixe:** crema de pescado, con tomates, cebola y condimentos.

**Cuscuz :** budín salado relleno con cebolla, ajo, aceitunas, arvejas, palmito, carnes, condimentos.

**Frigideira:** tipo tortilla con huevos, pescados en pedazos, cebolla y condimentos.

## Región Centro-Oeste, Sudeste y Sur:

**Feijão de Tropeiro:** frijoles preparados con tocino haumado en pedazos, cebolla y condimentos.

**Tutu de Feijão:** tipo crema de frijoles con condimentos.

**Linguiça na Aguardente:** longaniza haumada preparada en aguardiente.

**Feijoada Carioca:** frijoles negros cocidos con carnes de cerdo acompañados de arroz y "farofa".

**Polenta:** especie de masa cocida hecha de harina de maíz, cortada en pedazos y frita.

**Caldeirada:** tipo un caldo con varios tipos de mariscos y condimentos.

**Empadão Goiano:** tipo una empanada con queso, carne de cerdo y gallina cocidas, condimentos.

**Peixe Assado no Creme de Coco:** pescado asado con crema de coco y condimentos.
**Feijão Campeiro:** frijoles negros con un tipo de carne, salada, longaniza y condimentos.
**Arroz de Carreteiro:** arroz con pedazos de carne y condimentos.

## Postres:

**Doce de Cupuaçu:** dulce hecho de cupuaçu (fruta típica del Norte).
**Doce de Limão:** dulce hecho de limón.
**Doce de Caju em Calda:** dulce hecho de cajú (fruta típica del Norte).
**Doce de Coco:** dulce hecho de coco.
**Doce de Amendoim:** dulce hecho de maní.
**Doce de Pêra:** dulce hecho de pera.
**Pudim de Leite:** budín de leche.
**Musse de Chocolate/Morango/Maracujá:** dulce de chocolate/morango/maracujá (fruta).

## Pagando la cuenta

| | |
|---|---|
| La cuenta, por favor | A conta, por favor |
| ¿El servicio está incluido? | O serviço está incluído? |
| Perdón, pero hay un error | Perdão, mas há um erro |
| Por favor, confiera la cuenta, creo que no está correcta | Por favor, confira a conta, creio que não está correta |

| | |
|---|---|
| ¿Qué es este valor? | O que é este valor? |
| Queremos cuentas separadas, por favor | Queremos contas separadas, por favor |
| ¿Uds. aceptan tarjetas de crédito/cheques de viaje? | Vocês aceitam cartões de crédito/cheques de viagem? |
| Guarde el vuelto | Guarde o troco |
| Estaba muy bueno | Estava muito bom |

En Brasil, hay tres tipos de servicios en restaurantes: a la carte (donde el cliente pide lo que quiere através del menú); por peso (donde el cliente tiene una gran variedad de entradas y platos principales a su disposición y puede servirse de lo que quiera, pagando por el peso de la comida servida en el plato; rodízio (donde el cliente no necesita salir de su mesa y le van sirviendo todo tipo de carnes, masas, ensaladas, acompañamientos por un único precio).

# Teléfono

En portugués, como en español, los números de teléfono son dichos hablándose los algarismos separadamente:

555-9850    cinco, cinco, cinco, nove oito, cinco zero

Dese cuenta que el prefijo es dicho de una vez, después se hace una pausa, se dicen los dos próximos números, entonces nueva pausa y los números restantes.

En Brasil, algunos teléfonos públicos usan unas fichas que se llaman "fichas telefônicas", que tienen duración de 3 minutos cada una, siempre que el llamado telefónico sea dentro de la misma ciudad; si no fuere en la misma ciudad, la misma ficha tendrá la duración de 18 segundos cada una. Otros teléfonos públicos funcionan con tarjetas telefónicas, que pueden ser de 10, 20 o 50 llamadas de 3 minutos cada llamado telefónico. En el caso de hacer un llamado a otro Estado, hay que usar el teléfono público y la ficha telefónica apropiados para ese tipo de llamada.

## Ud. puede escuchar:

| | |
|---|---|
| Alô? | ¿Aló? |
| Quem está falando? | ¿Quién está hablando? |
| Um momento | Un momento |
| Um momento, por favor | Un momento, por favor |
| Estou tentando fazer uma **ligação** | Estoy tratando de hacer una **llamada** |
| Desculpe, **número errado** | Disculpe, **número equivocado** |
| Cabine número... | Cabina número... |
| Não **desligue** | No **corte** |
| Pode falar | Puede hablar |

## Puede ser necesario decir:

| | |
|---|---|
| ¿Dónde puedo llamar por teléfono? | Onde posso telefonar? |
| Local/interurbana/ internacional | Local/interurbana/ internacional |
| Yo quiero llamar a este número... en Brasil | Eu quero ligar para este número... no Brasil |
| ¿Ud. me puede hacer una llamada? | Você pode fazer a ligação para mim? |
| Quiero hacer una llamada telefónica | Quero fazer uma ligação |
| Quiero que sea a cobrar | Quero que seja a cobrar |

¿Cuánto vale la llamada telefónica para Brasil/Portugal?

Quanto é a ligação para o Brasil/Portugal?

Se cayó la línea

A linha caiu

¿Que monedas necesito?

De que moedas preciso?

¿Ud. tiene un guía telefónico?

Você tem uma lista telefônica?

Anexo 102

Ramal 102

Yo no hablo portugués

Eu não falo português

Lento, por favor

Devagar, por favor

¿Puedo esperar?

Posso esperar?

# Transportes

## Trens

## Ud. puede escuchar:

| | |
|---|---|
| Sai às **oito e meia** | Sale a las **ocho y media** |
| Chega às **oito** | Llega a las **ocho** |
| É na plataforma **número um** | Es en la plataforma **número uno** |
| Você tem de fazer **baldeação** em... | Ud. tiene que hacer **transbordo** en... |
| Para quando você quer a **passagem**? | ¿Para cuándo Ud. quiere el **pasaje**? |
| Passagem só de ida ou de ida e volta? | Pasaje sólo de ida o de ¿ida y vuelta? |
| Quando você quer **voltar**? | ¿Cuándo Ud. quiere **volver**? |
| Fumantes ou não-fumantes? | ¿Fumadores o no fumadores? |

## Puede ser necesario decir:

| | |
|---|---|
| ¿Dónde está la estación de trenes? | Onde é a estação de trem? |
| ¿Dónde está la boletería? | Onde é a bilheteria? |
| Hay un tren para... | Há um trem para... |
| Ud. tiene el horario de trenes para... | Você tem o horário de trens para... |
| A que horas parte el primer tren para... | A que horas sai o primeiro trem para... |
| El próximo tren | O próximo trem |
| El último tren | O último trem |
| Un pasaje/dos pasajes en el tren de las 8:15 para... | Uma passagem/duas passagens no trem das 8:15 para... |
| ¿De qué plataforma parte el tren para...? | De que plataforma parte o trem para...? |
| Sólo ida | Só ida |
| Ida y vuelta | Ida e volta |
| Primera/segunda clase | Primeira/segunda classe |
| ¿Tengo que hacer transbordo? | Tenho de fazer baldeação? |
| ¿Este lugar está desocupado? | Este lugar está vago? |
| ¿Este lugar está reservado? | Este lugar está reservado? |

# Ómnibus

| | |
|---|---|
| ¿Cuánto vale el pasaje de ómnibus? | Quanto é a passagem de ônibus? |
| ¿Dónde tomo el ómnibus para...? | Onde pego o ônibus para...? |
| A que horas parte el ómnibus para...? | A que horas sai o ônibus para...? |
| El próximo ómnibus | O próximo ônibus |
| El último ómnibus | O último ônibus |
| ¿Este lugar está desocupado? | Este lugar está vago? |
| ¿Dónde tomo el ómnibus para el hotel...? | Onde pego o ônibus para o hotel...? |
| para el centro de la ciudad? | para o centro da cidade? |
| para el aeropuerto? | para o aeroporto? |
| para la playa? | para a praia? |
| ¿Ud. me puede avisar cuando debo bajarme? | Você pode me avisar quando devo descer? |
| Yo quiero bajar | Eu quero descer |
| En el próximo paradero, por favor | No próximo ponto, por favor |

**Nota:** En algunos ómnibus en Brasil, Ud. entra por la puerta de adelante, le paga al cobrador y sale por la puerta de atrás; en otros, entra por la puerta de atrás, le paga al cobrador y sale por la puerta de adelante.

89

Un pasaje/dos pasajes
para..., por favor

Uma passagem/duas
passagens para..., por
favor

## Metro

¿Dónde está la estación
del metro más próxima?
¿Ud. tiene un mapa
del metro?
Yo quiero ir hacia...
¿Cuál línea va hacia...?
Uno/dos boleto(s),
por favor
¿Cuánto es?
Yo quiero un boleto
para la estación...

Onde é a estação de
metrô mais próxima?
Você tem um mapa
do metrô?
Eu quero ir para...
Qual linha vai para...?
Um/dois bilhete(s),
por favor
Quanto é?
Eu quero um bilhete
para a estação...

## Taxi

Por favor, me lláme
un taxi
¿Está desocupado?
Por favor, lléveme...
al aeropuerto
al centro de la ciudad
al Hotel Continental
a esta dirección
¿Es lejos?
¿Cuánto va a costar?

Por favor, me chame
um táxi
Está livre?
Por favor, leve-me...
ao aeroporto
ao centro da cidade
ao Hotel Continental
a este endereço
É longe?
Quanto vai custar?

Por favor, estoy atrasado, ¿puede ir más rápido?

Por favor, estou atrasado, pode ir mais depressa?

¿Cuánto cobra por hora/día?

Quanto você cobra por hora/dia?

¿Cuánto vale?

Quanto é?

## Arrendando un auto
## Ud. puede escuchar:

A **chave**, por favor

La **llave**, por favor

Você não pode **estacionar** aqui

Ud. no puede **estacionar** aquí

Que **tipo** de carro você quer?

¿Qué **tipo** de auto Ud. quiere?

Sua **carteira de motorista**, por favor

Su **carnet de chofer**, por favor

## Puede ser necesario decir:

Yo quiero arrendar/ alquilar un auto

Eu quero alugar um carro

Yo quiero un auto pequeño/grande

Eu quero um carro pequeno/grande

Un auto automático, por favor

Um carro automático, por favor

¿Cuánto cuesta...?

Quanto custa...?

  por día

  por dia

  por tres días

  por três dias

  por una semana

  por uma semana

  por el fin de semana

  pelo fim de semana

| | |
|---|---|
| ¿El kilometraje está incluido? | A quilometragem está incluída? |
| ¿El seguro está incluido? | O seguro está incluído? |
| ¿Cuánto más tengo que pagar por un seguro total? | Quanto eu tenho que pagar a mais por um seguro total? |
| ¿Puedo dejar el auto en el aeropuerto? | Posso deixar o carro no aeroporto? |
| Puedo entregar el auto en... | Posso entregar o carro em... |
| ¿Ud. me puede mostrar los controles, por favor? | Você pode me mostrar os controles, por favor? |
| ¿ Hay alguna bomba de bencina por aquí? | Há algum posto de gasolina por aqui? |
| Lléneme el tanque | Complete |
| ¿Ud. me puede ver los neumáticos? | Você pode ver os pneus? |
| ¿Ud. me puede limpiar el parabrisa? | Você pode limpar o pára-brisa? |
| ¿Ud. tiene un guía de caminos? | Você tem um guia rodoviário? |
| Mi auto quedó en pane | Meu carro quebrou |
| Yo sufrí un accidente | Eu sofri um acidente |

En São Paulo y en algunas ciudades de Brasil es obligatorio el uso del cinturón de seguridad al manejar, tanto al chofer como al pasajero de adelante; y en la falta del uso de éste, acarreta en una multa.

# Vocabulario

A

**A cobrar** - a cobrar
**A través** - através
**Abarcar** - abranger
**Abierto** - aberto
**Accidente** - acidente
**Aceite** - óleo de cozinha, carro, etc. (aceite de oliva - azeite)
**Aceptar** - aceitar
**Aclarar** - esclarecer
**Además** - além, ademais, ainda mais
**Adicional** - adicional
**Agradable** - agradável
**Agradecimiento** - agradecimento
**Agua** - água

**Alámbrico** - com fio
**Alcanzar** - alcançar, atingir
**Alérgico** - alérgico
**Almacén** - mercearia, armazém
**Almohada** - travesseiro
**Ambulancia** - ambulância
**Amigo/a** - amigo/a
**Amor** - amor
**Anteojos** - óculos
**Anterior** - anterior
**Antes** - antes
**Antibióticos** - antibióticos
**Apariencia** - aparência
**Apellido** - sobrenome
**Aquí** - aqui (neste lugar)
**Arrendar** - alugar
**Arroz** - arroz

**Asado** - churrasco
**Asamblea** - assembléia
**Asegurar** - ação de seguro
**Asiento** - assento
**Asunto** - assunto
**Atraso** - atraso
**Auto** - carro, automóvel
**Automático** - automático, hidramático (no caso de carros)
**Autónomo** - autônomo
**Avanzado** - avançado
**Ave** - ave
**Avenida** - avenida
**Avión** - avião
**Ayer** - ontem
**Ayuda** - ajuda, socorrer alguém
**Azúcar** - açúcar

**B**

**Bagaje** - bagagem
**Bailar** - dançar
**Bajar** - baixar, abaixar, descer (do ônibus)
**Baño** - banho, banheiro
**Baranda** - varanda, sacada
**Barato** - barato

**Barco** - barco, navio
**Barriga** - barriga
**Basura** - lixo
**Basurero** - lata de lixo
**Bello** - belo
**Bien** - bem
**Bienvenido/a** - bem-vindo/a
**Bistec** - bife
**Blanco/a** - branco/a
**Blusa** - blusa
**Boca** - boca
**Boleta** - nota fiscal
**Bolsa** - sacola
**Bonito** - bonito
**Botella** - garrafa
**Brazo** - braço
**Brillo** - brilho
**Bueno** - bom

**C**

**Caballero** - cavalheiro
**Cabaña** - cabana, casa de campo
**Cabeza** - cabeça
**Café** - marrom, café
**Caja** - caixa e caixa de supermercado, banco, etc.

**Calcetín** - meia (vestiário)
**Calentar** - aquecer
**Caliente** - quente
**Calle** - rua
**Cámara** - câmera (de fotografias), câmara (de vídeo)
**Camarera** - arrumadeira, camareira
**Camino** - estrada, caminho
**Camisa** - camisa (camisa de dormir - camisola)
**Cantidad** - quantia, quantidade
**Capitán** - capitão
**Cardíaco** - cardíaco
**Carne** - carne
**Carne de puerco** - carne de porco
**Carnet** - carteira de motorista, de identidade, etc.
**Caro** - caro
**Carta** - carta
**Casado/a** - casado/a
**Cenicero** - cinzeiro
**Centeno** - centeio
**Cepillo** - escova
**Cerca** - próximo, perto

**Cerebro** - cérebro
**Cereza** - cereja
**Cerrado** - fechado
**Cerrar** - fechar
**Cerveza** - cerveja
**Chaqueta** - jaqueta, casaco
**Cheques de viaje** - cheques de viagem
**Chopp** - chopp (cerveja de barril)
**Cien** - cem
**Cinturón** - cinto
**Ciudad** - cidade
**Clase** - classe, categoria
**Cobrar** - cobrar
**Cocina** - cozinha, fogão
**Cocinar** - cozinhar
**Cocinero** - cozinheiro
**Cóctel** - coquetel
**Cofre** - cofre
**Color** - cor
**Comida** - comida, jantar
**Comienzo** - começo, início, princípio
**Como** - como
**Comprar** - comprar
**Comprender** - compreender

**Concluido** - concluído
**Conectar** - ligar, conectar
**Conocer** - conhecer
**Consecuencia** - conseqüência
**Contrario** - contrário
**Contratar** - contratar
**Copias** - cópias
**Correcto** - correto
**Corregir** - corrigir
**Correo** - correio
**Cortinas** - cortinas
**Cortisona** - cortisona
**Costilla** - costela
**Cuadra** - quarteirão
**Cuarto** - quarto
**Cuchara** - colher
**Cuchillo** - faca
**Cuenta** - conta
**Cuero** - couro
**Cuidado** - cuidado
**Cumpleaños** - aniversário

**D**

**Daño** - dano
**De mora** - dever
**Decir** - dizer, falar
**Declarar** - declarar

**Demora** - demora
**Derecha** - direita
**Desarrollar** - desenvolver
**Desayuno** - café da manhã
**Descarga** - descarga, descarga do vaso sanitário
**Descuento** - desconto
**Desear** - desejar
**Después** - depois
**Día** - dia
**Diarrea** - diarréia
**Diente** - dente
**Diferente** - diferente
**Dinero** - dinheiro
**Dirección** - endereço
**Discar (marcar)** - discar um número de telefone
**Disculpa** - desculpa
**Divorciado/a** - divorciado/a
**Doble** - duplo, dobro
**Doctor** - doutor
**Dolor** - dor
**Drink** - drinque
**Ducha** - ducha, chuveiro
**Dulce** - doce
**Durazno** - pêssego

## E

**Economía** - economia
**Edad** - idade
**Edición** - edição
**Embarazada** - grávida
**Empaquetar** - embrulhar
**Enamorado/a** - namorado/a
**Encender** - acender (fogo para um cigarro)
**Encomienda** - encomenda
**Encuentro** - encontro
**Enfermo** - doente
**Engaño** - engano
**Ensalada** - salada
**Entretenido** - divertido
**Entretenimiento** - divertimento, brincadeira
**Envejecido** - envelhecido
**Equipo** - equipamentos, equipe
**Error** - erro
**Escribir** - escrever
**Esencial** - essencial
**Espacio** - espaço
**Esparcir** - espalhar
**Especialidad** - especialidade
**Espejo** - espelho

**Esperar** - esperar, aguardar, contar com
**Espeso** - espesso
**Esposa** - esposa, mulher
**Espuma** - espuma
**Esquina** - esquina
**Estación** - estação
**Estacionamiento** - estacionamento
**Estacionar** - estacionar
**Estilo** - estilo
**Estrella** - estrela
**Exento** - isento
**Extensión** - extensão (inclusive extensão telefônica)

## F

**Falda** - saia, colo
**Fallecido** - falecido
**Falsedad** - falsidade
**Familia** - família
**Fecha** - data
**Feliz** - feliz
**Feria** - feira (de qualquer tipo)
**Fijar** - fixar
**Filmar** - filmar

**Firmar** - assinar
**Fonos** - fones de ouvido, do telefone
**Formulario** - formulário
**Fósforo** - fósforo
**Fractura** - fratura
**Frazada** - cobertor
**Frijole** - feijão
**Frío** - frio
**Fruta** - fruta
**Fuera** - fora
**Fumador** - fumante

### G

**Galleta** - bolacha, biscoito
**Gallina** - galinha
**Ganancia** - lucro
**Garaje** - garagem
**Garganta** - garganta
**Gato** - gato
**Género** - gênero
**Golpe** - golpe, batida
**Grande** - grande
**Gris** - cinza
**Grueso** - grosso
**Guantes** - luvas
**Guía** - guia (turístico, rodoviário, telefônico, etc.)

### H

**Hablar** - falar, dizer
**Hacia** - para (algum lugar)
**Hallar** - achar, encontrar, julgar
**Helado** - sorvete
**Herida** - ferida
**Hermano** - irmão
**Hielo** - gelo
**Hoja** - folha de plantas, livros
**Hombre** - homem
**Hora** - hora
**Hoy** - hoje
**Huevo** - ovo
**Humo** - fumaça

### I

**Ilegal** - ilegal
**Inalámbrico** - sem fio
**Incluir** - incluir
**Incluso** - incluso
**Infección** - infecção
**Información** - informação
**Injusto** - injusto
**Inmenso** - imenso
**Interés** - juro (bancário, etc.)

**Interesante** - interessante
**Intérprete** - intérprete
**Interrumpir** - interromper
**Izquierda** - esquerda

J

**Jabón** - sabonete, sabão
**Jamón** - presunto
**Juego** - jogo
**Jugo** - suco
**Juguete** - brinquedo

K

**Kilometraje** - quilometragem

L

**Ladrón** - ladrão
**Lámina** - lâmina
**Lana** - lã
**Largo** - longo, comprimento
**Lavandería** - lavanderia, roupa para ser lavada
**Leche** - leite (o leite = masculino)
**Lejos** - longe, distante

**Lento** - lento, reduzir a velocidade
**Libro** - livro
**Lila** - lilás
**Limpio** - limpo
**Llamado** - chamada, ligação telefônica
**Llave** - chave
**Llegar** - chegar
**Llenar** - preencher, ocupar
**Lleno/a** - cheio/a
**Lobo** - lobo
**Longaniza** - lingüiça
**Luego** - logo
**Lugar de nacimiento** - local de nascimento

M

**Maleta** - mala
**Malo** - ruim, mau
**Mañana** - manhã, amanhã
**Mandar** - mandar, enviar algo
**Manera** - maneira
**Mano(s)** - mão(s)
**Mantel** - toalha de mesa
**Mantequilla** - manteiga
**Manzana** - maçã

**Mapa** - mapa
**Máquina** - máquina
**Máquina de escribir** - máquina de escrever
**Marido** - marido
**Masa** - massa
**Matrimonio** - casamento
**Media** - meia (metade), meia (vestiário feminino)
**Mediano** - médio (com respeito a medidas)
**Medias panty** - meia-calça
**Medio** - meio-termo, metade de alguma coisa
**Mensaje** - mensagem (a mensagem feminino), recado
**Mermelada** - geléia
**Mesa** - mesa
**Metro** - metrô
**Miel** - mel
**Mirar** - olhar
**Mojado/a** - molhado/a
**Molde** - fôrma, molde
**Moneda** - moeda
**Montaña** - montanha
**Muestra** - mostrar, amostra

**Mujer** - mulher
**Multa** - multa
**Museo** - museu

**N**

**Nacimiento** - nascimento
**Nacionalidad** - nacionalidade
**Naranja** - laranja
**Nariz** - nariz
**Negociar** - negociar
**Negocio** - negócio
**Negro** - preto
**Neumáticos** - pneus
**Niño** - criança
**Niño/a** - menino/a
**Niños** - crianças
**Noche** - noite
**Nombrar** - nomear
**Nombre** - nome
**Nota** - nota, anotação
**Nuevamente** - novamente
**Nuevo** - novo

**O**

**Obedecer** - obedecer
**Obrigado** - gracias

**Obtener** - obter
**Obturador** - obturador de máquina fotográfica
**Océano** - oceano
**Ocupado** - ocupado
**Oferta** - oferta
**Oficina** - escritório
**Ómnibus** - ônibus
**Opinión** - opinião
**Oreja** - orelha
**Origen** - origem
**Orinar** - urinar

**P**

**Padres** - pai, mãe
**Pago** - pagamento
**País** - país
**Palabra** - palavra
**Pan** - pão
**Pantalones** - calças
**Papa** - batata
**Paquete** - pacote
**Parabrisa** - pára-brisa
**Paradero** - ponto de ônibus
**Parar** - parar, interromper, deter
**Partida** - partida, saída
**Pasaporte** - passaporte

**Paseo** - passeio
**Pasillo** - corredor
**Pecho** - peito
**Pedazo** - pedaço
**Película** - filme de cinema e rolo de filme fotográfico
**Penicilina** - penicilina
**Pequeño** - pequeno
**Pera** - pêra
**Percha** - cabide
**Pérdida** - perda
**Perdón** - perdão, desculpa
**Periódico** - jornal
**Permiso** - licença, permissão
**Pescado** - peixe (fora da água)
**Pez** - peixe (dentro da água)
**Pie** - pé
**Piedad** - piedade
**Pierna** - perna
**Pila** - pilha
**Pipa** - cachimbo
**Piso** - andar
**Plataforma** - plataforma
**Plato** - prato
**Playa** - praia
**Policía** - polícia

**Por favor** - por favor
**Por qué** - por que (pergunta)
**Porque** - porque (resposta)
**Portón** - portão
**Postre** - sobremesa
**Precio** - preço
**Presidente** - presidente
**Presión** - pressão
**Préstamo** - empréstimo
**Problema** - problema
**Producto** - produto
**Profesión** - profissão
**Propio** - próprio
**Propósito** - propósito, escopo, objetivo
**Proveer** - fornecer, prover
**Prueba** - prova, teste
**Pueblo** - povo, povoado
**Pulmones** - pulmões

**Q**

**Quemadura** - queimadura
**Queso** - queijo

**R**

**Rayo** - raio
**Razón** - razão
**Recibir** - receber
**Reciente** - recente
**Recomendar** - recomendar
**Recuerdo** - lembrança
**Reducción** - redução
**Regalo** - presente
**Registro** - registro
**Remedios** - remédios
**Reserva** - reserva
**Respiración** - respiração
**Respirar** - respirar
**Reunión** - reunião
**Revelar** - revelar (por exemplo, um filme)
**Revés** - avesso
**Rey** - rei
**Robar** - roubar
**Rojo** - vermelho
**Ropa** - roupa

**S**

**Saber** - saber
**Sacar** - tirar, retirar
**Sal** - sal

**Salsa** - molho
**Salchicha** - salsicha
**Salud** - saúde (usado também em brindes)
**Sangre** - sangue (masculino)
**Satisfacción** - satisfação
**Sábana** - lençol
**Secar** - secar
**Secuencia** - seqüência
**Sello** - selo
**Semana** - semana
**Semejante** - semelhante
**Sensación** - sensação
**Sensillo** - trocado
**Señal** - sinal
**Separar** - separar, afastar
**Servicio** - serviço
**Servilleta** - guardanapo
**Sierra** - serra
**Siguiente** - seguinte
**Silla** - cadeira
**Smoking** - smoking (traje a rigor)
**Sobretodo** - sobretudo, casaco
**Solicitar** - solicitar
**Soltero/a** - solteiro/a

**Sombrero** - chapéu
**Sopa** - sopa
**Sostén** - sutiã
**Suave** - suave, macio
**Sucio** - sujo, imoral
**Suelo** - solo, chão, piso
**Sueño** - sono, sonho
**Suerte** - sorte
**Sugerir** - sugerir, aconselhar
**Sujetar** - ação de segurar
**Suma** - soma
**Superficie** - superfície
**Supermercado** - supermercado
**Suplir** - suprir

**T**

**Tabla** - tábua, tabela
**Tamaño** - tamanho
**Tapadura** - obturação dentária
**Tapar** - tampar
**Tarde** - tarde
**Tarjeta-postal** - cartão-postal
**Tarjeta de crédito** - cartão de crédito

**Tarro** - lata
**Tasa** - taxa, tarifa
**Taxi** - táxi
**Taza** - xícara
**Té** - chá
**Tenedor** - garfo
**Terciopelo** - veludo
**Término** - termo, fim de
**Terno** - terno
**Tiempo** - tempo
**Tienda** - loja
**Tijeras** - tesouras
**Toalla** - toalha de banho
**Todavía** - ainda, todavia, porém
**Toilette** - toalete, banheiro
**Tomate** - tomate
**Tonto** - tonto, com tonturas
**Toro** - touro
**Torreja** - fatia
**Totalidad** - totalidade
**Trabajo** - trabalho, ocupação
**Traer** - trazer
**Tráfico** - tráfego
**Tranquilidad** - tranqüilidade

**Tránsito** - trânsito
**Tubo** - tubo

**U**

**Último** - último, final
**Unir** - ligar

**V**

**Vaca** - vaca
**Vacaciones** - férias
**Vacante** - vaga
**Vacío** - vazio, desocupado
**Vaso** - copo
**Vegetariano** - vegetariano
**Vela** - vela
**Vender** - vender
**Ventana** - janela
**Verdadero** - verdadeiro, real, puro
**Verde** - verde
**Verduras** - verduras
**Vestido** - vestido (de mulher), verbo vestir (ele está vestido)
**Viajante** - viajante
**Vida** - vida
**Viejo** - velho, idoso, antigo

**Vino** - vinho
**Vista** - vista
**Vuelo** - vôo
**Vuelta** - volta, regresso

**Vuelto** - troco

Z

**Zapato** - sapato

# Vocabulario

## A

**Abaixar** - bajar
**Aberto** - abierto
**Abraçar** - abrazar
**Abrangente** - abarcante
**Abrir** - abrir
**Aceitar** - aceptar
**Achar** - hallar
**Acidente** - accidente
**Açúcar** - azúcar
**Agradar** - agradar
**Agradável** - agradable
**Agradecimento** -
  agradecimiento
**Água** - agua
**Ainda** - todavía, también
**Alegre** - alegre
**Alegria** - alegría

**Alérgico** - alérgico
**Alimento** - alimento,
  comida
**Almoço** - almuerzo
**Alto** - alto
**Alugar** - arrendar
**Alugar (um carro)** - arren-
  dar (un auto)
**Amanhã** - mañana
**Ambulância** - ambulancia
**Amigo/a** - amigo/a
**Amor** - amor
**Animal** - animal
**Animal de estimação** -
  animal de estimación
**Aniversário** - cumpleaños
**Anterior** - anterior
**Antes** - antes
**Antibióticos** - antibióticos

**Aquecer** - calentar
**Aqui** - aquí
**Arroz** - arroz
**Assento** - asiento
**Assinatura** - firma
**Assistência** - asistencia
**Atrás** - atrás
**Atrasado** - atrasado
**Atraso** - atraso
**Através** - a través
**Aula** - clase
**Automático** - automático
**Avançado** - avanzado
**Avenida** - avenida
**Avião** - avión

# B

**Bagagem** - bagaje, equipaje
**Baixo** - bajo
**Balcão** - balcón
**Banheira** - tina
**Banheiro** - baño
**Banho** - baño
**Barato** - barato
**Barriga** - barriga

**Batata** - papa
**Bateria** - batería
**Batida** - golpe
**Bebê** - bebé
**Bebidas** - bebidas
**Bebidas não-alcoólicas** - bebidas no alcohólicas
**Bem-vindo/a** - bienvenido/a
**Bife** - bistec
**Bilhete** - boleta
**Biscoito** - galleta
**Blusa** - blusa
**Boca** - boca
**Bom (contrário de mau)** - bueno (contrario de malo)
**Bonito/a** - bonito/a
**Braço** - brazo
**Branco** - blanco
**Breve** - breve
**Brilho** - brillo

# C

**Cabana** - cabaña
**Cabeça** - cabeza

Cabide - percha
Cachimbo - pipa
Cadeira - silla
Café - café
Café da manhã - desayuno
Caixa (de supermercado) - caja (del supermercado)
Caixa - caja
Calças - pantalones
Câmera - cámara
Câmera de vídeo - cámara de vídeo
Camareira - camarera
Camisa - camisa
Camisola - camisa de dormir
Cano - cañería
Cantar - cantar
Capitão - capitán
Cardíaco - cardíaco
Carga - carga
Carne - carne
Carne de porco - carne de puerco
Caro - caro
Carro - auto
Cartão - tarjeta
Cartão-postal - tarjeta-postal

Carteira - billetera
Carteira de motorista - carnet de chofer
Casaco - chaqueta
Casaco longo - chaqueta larga
Casado - casado
Casar - casar
Cavalheiro - caballero
Cem - cien
Centro (da cidade) - centro (de la ciudad)
Centro - centro
Cereja - cereza
Certo - cierto
Cerveja - cerveza
Chá - té
Chamar - llamar
Chão - suelo, piso
Chapéu - sombrero
Chave - llave
Chegar - llegar
Cheque de viagem - cheque de viaje
Cheque - cheque
Chopp - chopp
Chorar - llorar
Churrasco - asado

**Chuveiro** - ducha
**Cidade** - ciudad
**Cigarro** - cigarrillo
**Cinto** - cinturón
**Cinto de segurança** - cinturón de seguridad
**Cinza** - gris
**Cinzeiro** - cenicero
**Classe** - clase
**Cobertor** - frazada
**Cobrança** - cobranza
**Cobrir** - cubrir
**Cofre** - cofre
**Coleta** - recolección
**Colher** - cuchara
**Como** - como
**Compra** - compra
**Compreender** - comprender
**Comprometimento** - comprometimiento
**Compromisso** - compromiso
**Conectar** - conectar
**Conta** - cuenta
**Contrário** - contrario
**Contratar** - contratar
**Cópia** - copia

**Coquetel** - cóctel
**Cor** - color
**Correio (agência)** - correo (agencia)
**Correio aéreo** - correo aéreo
**Correspondência** - correspondencia
**Correto** - correcto
**Cortinas** - cortinas
**Cortisona** - cortisona
**Couro** - cuero
**Cozinha** - cocina
**Cozinheiro** - cocinero
**Criança** - niño/a
**Cromo** - cromo, slide
**Cuidar** - cuidar

# D

**Dança** - baile
**Dano** - daño
**Dar** - dar
**Data** - fecha
**Declarar** - declarar
**Dente** - diente
**Desconto** - descuento
**Desculpa** - disculpa

**Desenvolver** - desarrollar
**Desjejum** - desayuno
**Dia** - día
**Diapositivo** - diapositivo
**Diarréia** - diarrea
**Diferente** - diferente
**Dinheiro** - dinero
**Direita** - derecha
**Divorciado** - divorciado
**Divorciar** - divorciar
**Dizer** - decir
**Doce** - dulce
**Doente** - enfermo
**Dor** - dolor
**Doutor** - doctor
**Drinque** - drink
**Duplo** - doble

# E

**Economia** - economía
**Elevado** - elevado
**Embrulho** - paquete
**Emitir** - emitir
**Encher** - llenar
**Enchimento** - llenado
**Encomenda** - encomienda

**Encontrar** - encontrar
**Encontro** - encuentro
**Endereço** - dirección
**Engano** - engaño
**Enjoado (com ânsia de vômito)** - náuseas
**Envelhecido** - envejecido
**Errado** - errado, equivocado
**Erro** - error
**Escova** - cepillo, escoba
**Escrever** - escribir
**Escritório** - oficina
**Especialidade** - especialidad
**Espelho** - espejo
**Espera** - espera
**Esperar** - esperar
**Espesso** - espeso
**Esposa** - esposa
**Espuma** - espuma
**Esquerda** - izquierda
**Esquina** - esquina
**Estação** - estación
**Estacionamento** - estacionamiento
**Estacionar** - estacionar
**Estante** - estante

**Estilo** - estilo
**Estrada** - camino, carretera
**Estrangeiro** - extranjero
**Estrela** - estrella
**Exposição** - exposición
**Extensão** - extensión

# F

**Faca** - cuchillo
**Falar** - hablar
**Família** - familia
**Fechado** - cerrado
**Fechar** - cerrar
**Feijão** - frijol
**Feira** - feria
**Feixe** - haz, manojo
**Feliz** - feliz
**Feriado** - feriado
**Ferida** - herida
**Ferver** - herbir
**Filhote** - pichón
**Filme** - película
**Fixar** - fijar
**Fogo** - fuego
**Folha** - hoja

**Fones de ouvido** - fonos de oído
**Formulário** - formulario
**Fósforos** - fósforos
**Fotografias** - fotografías
**Frio** - frío
**Fruto** - fruto
**Fumaça** - humo
**Furtar** - hurtar
**Futebol** - fútbol

# G

**Galinha** - gallina
**Ganso** - ganso
**Garagem** - garaje
**Garfo** - tenedor
**Garganta** - garganta
**Garrafa** - botella
**Gato** - gato
**Geléia** - mermelada
**Gelo** - hielo
**Grande** - grande
**Grátis** - gratis
**Grávida** - embarazada
**Gritar** - gritar
**Guardanapo** - servilleta
**Guia** - guía

# H

**Hoje** - hoy
**Homem** - hombre
**Hora** - hora
**Horário (de trens, por exemplo)** - horario (de trenes, por ejemplo)

# I

**Idade** - edad
**Imenso** - inmenso
**Incluir** - incluir
**Infecção** - infección
**Informação** - información
**Interessante** - interesante
**Intérprete** - intérprete
**Irmã** - hermana
**Irmão** - hermano

# J

**Janela** - ventana
**Jantar** - cenar
**Jaqueta** - chaqueta
**Jogar** - jugar
**Jogo** - juego

# L

**Lã** - lana
**Ladrão** - ladrón
**Lanche** - merienda
**Laranja** - naranja
**Laranjada** - jugo de naranja, naranjada
**Lavanderia** - lavandería
**Leite (masculino)** - leche (feminino)
**Lento** - lento
**Letra** - letra
**Libra** - libra
**Licença** - permiso
**Lilás** - lila
**Limonada** - jugo de limón, limonada
**Limpo** - limpio
**Lista** - lista
**Livro** - libro
**Lixo** - basura
**Lobo** - lobo
**Local** - local, lugar
**Loja** - tienda
**Longe** - lejos
**Longo** - largo
**Lugar** - lugar

**Luva** - guantes
**Luz** - luz

# M

**Maçã** - manzana
**Macarrão** - macarrón, fideos, tallarines
**Macio** - suave
**Maço de cigarros** - cajetilla de cigarrillos
**Mala** - maleta
**Manga** - manga
**Manhã** - mañana
**Manteiga** - mantequilla
**Mão** - mano
**Mapa** - mapa
**Máquina** - máquina
**Máquina de escrever** - máquina de escribir
**Mar** - mar
**Marido** - marido
**Marrom** - café, marrón
**Massa** - masa
**Matéria** - materia
**Mau** - malo
**Medida** - medida
**Meia** - media

**Meia-noite** - media noche
**Meias** - medias, calcetines (de vestir)
**Meio (modo)** - medio
**Meio-dia** - mediodía
**Mel** - miel
**Menina** - niña
**Menino** - niño
**Mensagem (feminino)** - mensaje (masculino)
**Mente** - mente
**Mentira** - mentira
**Mercearia** - almacén
**Merceeiro** - almacenero
**Mesa** - mesa
**Metade** - mitad
**Metrô** - metro
**Minuto** - minuto
**Modo** - modo
**Moeda (padrão monetário)** - moneda (padrón monetario)
**Moeda** - moneda
**Molhado** - mojado
**Molho** - salsa
**Montanha** - montaña
**Mostra** - muestra
**Mostrador** - mostrador (vitrina)

**Mulher** - mujer
**Multa** - multa
**Museu** - museo

# N

**Nacionalidade** - nacionalidad
**Namorada** - enamorada
**Namorado** - enamorado
**Nariz** - nariz
**Nascimento** - nacimiento
**Navalha** - navaja
**Nave** - nave
**Negócios** - negocios
**Noite** - noche
**Nome** - nombre
**Nota** - nota
**Novamente** - nuevamente
**Novo** - nuevo

# O

**Obedecer** - obedecer
**Obter** - obtener
**Obturação** - tapadura (de diente), obturación
**Obturador de câmera fotográfica** - obturador de cámara fotográfica
**Óculos** - anteojos
**Ocupação** - ocupación
**Ocupado** - ocupado
**Oferta** - oferta
**Óleo** - aceite
**Olhar** - mirar
**Ônibus** - ómnibus
**Ontem** - ayer
**Ordem** - orden
**Orelha** - oreja
**Ouvido** - oído
**Ovo** - huevo

# P

**Pacote** - paquete
**Pagamento** - pago
**Pai** - padre
**País** - país
**Palavra** - palabra
**Pão** - pan
**Papel** - papel
**Pára-brisa** - parabrisa
**Parada** - parada
**Parque** - parque
**Partida** - partida

**Passado** - pasado
**Passagem (aérea, rodoviária, etc.)** - pasaje (aéreo, de ómnibus, etc.)
**Passagem de ida e volta** - pasaje ida y vuelta
**Passagem só de ida** - pasaje sólo de ida
**Passaporte** - pasaporte
**Pássaro** - pájaro
**Pé** - pie
**Pedaço** - pedazo
**Pedir** - pedir
**Peito** - pecho
**Peixe** - pescado (fuera del agua) y pez (dentro del agua)
**Pendurar** - colgar
**Penicilina** - penicilina
**Pequeno** - pequeño
**Pêra** - pera
**Perdão** - perdón
**Perna** - pierna
**Pêssego** - durazno
**Piedade** - piedad
**Pilha** - pila
**Pipoca** - palomitas

**Plataforma** - plataforma
**Pneus** - neumáticos
**Polícia** - policía
**Portão** - portón
**Postar (colocar no correio)** - postar (colocar en el correo)
**Povo** - pueblo
**Praia** - playa
**Prato** - plato
**Prazer** - placer
**Preço** - precio
**Presente** - regalo, presente (tiempo)
**Presidente** - presidente
**Pressão** - presión
**Presunto** - jamón
**Preto** - negro
**Primeiro** - primero, primer
**Principal** - principal
**Problema** - problema
**Pronto** - listo
**Propósito** - propósito
**Próprio** - propio
**Próximo** - próximo
**Pulmões** - pulmones

# Q

**Quarteirão** - cuadra
**Quarto** - cuarto
**Quase** - casi
**Quebrar** - quebrar
**Queijo** - queso
**Queimadura** - quemadura
**Quente** - caliente
**Quilometragem** - kilometraje

# R

**Raio** - rayo
**Raiz** - raiz
**Razão (taxa)** - razón (tasa)
**Razão** - razón
**Recado** - recado
**Receber** - recibir
**Recomendar** - recomendar
**Rede** - red
**Refeição** - comida
**Registro** - registro
**Rei** - rey
**Remédios** - remedios
**Reserva** - reserva
**Respiração** - respiración

**Reunião** - reunión
**Revelar um filme fotográfico** - revelar una película fotográfica
**Roubar** - robar
**Roupa** - ropa
**Roupa íntima** - ropa interior
**Rua** - calle
**Rubor** - rubor

# S

**Sabão** - jabón
**Saber** - saber
**Saco** - saco, bolsa
**Saia** - falda
**Sair** - salir
**Sal** - sal
**Salada** - ensalada
**Salsicha** - salchicha
**Sangue (masculino)** - sangre (feminino)
**Sapato** - zapato
**Saúde** - salud
**Secar** - secar
**Secretária/o** - secretaria/o
**Secretária eletrônica** - secretaria electrónica

**Seguinte** - siguiente
**Segurar** - sujetar
**Seguro** - seguro
**Seguro (de vida ou de bens)** - seguro (de vida o de bienes)
**Selo** - sello
**Sem fio** - inalámbrico
**Semana** - semana
**Semelhante** - semejante
**Sensação** - sensación
**Separar** - separar
**Serra** - sierra
**Serviço** - servicio
**Servir** - servir
**Sinal** - señal
**Smoking (traje a rigor)** - smoking (traje de fiesta)
**Sobremesa** - postre
**Sobrenome** - apellido
**Sobretudo** - sobretodo, abrigo
**Solteiro** - soltero
**Soma** - suma
**Sono** - sueño
**Sorte** - suerte
**Sorvete** - helado
**Sossego** - tranquilidad

**Suco** - jugo
**Sugerir** - sugerir
**Sujar** - ensuciar
**Sujo** - sucio
**Superfície** - superficie
**Supermercado** - supermercado
**Sutiã** - sostén

# T

**Tabela** - tabla
**Tamanho** - tamaño
**Tarde** - tarde
**Tarifa** - tarifa
**Taxa** - tasa
**Táxi** - taxi
**Tempo** - tiempo
**Temporada** - temporada
**Tentativa** - tentativa
**Terno** - terno
**Tesouras** - tijeras
**Toalete** - toilette
**Toalha** - toalla
**Tomate** - tomate
**Tonto (com tonturas)** - tonto (con tonturas), mareado

**Touro** - toro
**Trabalho** - trabajo
**Traduzir** - traducir
**Trânsito** - tránsito
**Transporte** - transporte
**Travesseiro** - almohada
**Trazer** - traer
**Triste** - triste
**Troco** - vuelto

# U

**Último** - último
**Urinar** - orinar
**Uso** - uso

# V

**Vaca** - vaca
**Vago** - vacante
**Varanda** - baranda
**Vazio** - vacío
**Vegetariano** - vegetariano
**Vela** - vela

**Velho** - viejo
**Veludo** - terciopelo
**Vender** - vender
**Verde** - verde
**Vermelho** - rojo
**Vestíbulo** - antecámara
**Vestido** - vestido
**Viajante** - viajante
**Vida** - vida
**Videocassete** - video grabador
**Vidro** - vidrio
**Vinho** - vino
**Virar** - dar vuelta
**Vista** - vista
**Volta** - vuelta
**Vôo** - vuelo

# X

**Xícara** - taza

# Z

**Zoológico** - zoológico